Neues Leben, neues Glück

Laura Lambert

Laura Lambert

Neues Leben, neues Glück

Poesie

Bibliografische Information der Deutschen Nationalbibliothek:
Die Deutsche Nationalbibliothek verzeichnet diese Publikation in
der Deutschen Nationalbibliografie; detaillierte bibliografische
Daten sind im Internet über http://dnb.dnb.de abrufbar.

Herstellung und Verlag: BoD – Books on Demand, Norderstedt

ISBN: 9783756222117

Es war ein langer Tag

Und ich war auch

Lange wach gewesen

Nichts war mehr so

Wie es früher

Einmal gewesen war

Alles ist nun anders

Es gibt keine Geschäfte mehr

Nur noch Warenketten

Keine kleinen Tante-Emma-Läden

Wurde uns alles genommen

Nichts wird mehr so

Wie es früher gewesen war

Es gibt keine Egoisten mehr

Niemand klaut mehr Klopapier

Alle sind bei sich angekommen

Erkennen ihr wahres Selbst

Erkennen

Die Liebe im Leben

Die ihnen keiner nehmen kann

Erkennen endlich

Die Aufgabe wieder

Die der Teufel

Ihnen nehmen wollte

Mit geschmacklosem Fernsehen

Nur nicht allein sein

Und doch so allein

In der Welt

Die so viel zu bieten hatte

Damals

Hat man alles nicht gesehen

Waren alle

Zu blind gewesen

Jetzt ist alles anders

Neu

Neu

Neu

Nichts bleibt mehr

Wie es war

Keiner war mehr dort

Wo er einst gelebt hatte

Sind alle umgezogen

Dahin

Wo sie eigentlich hingehören

Nicht dort

Wo sie geboren wurden

Haben beschwerliche Reisen

Auf sich genommen

Um endlich dort anzukommen

Wo sie willkommen sind

Wo sie eine Aufgabe haben

Gibt keine Langeweile mehr

Nur noch

So viel mehr

Als es vorher gab

Hat nun jeder

Mehr zu bieten

Als zuvor

Niemand wird mehr

Allein sein

Alle

Leben in Gemeinschaft

Lässt sich sonst

Nicht mehr leben

Weil das alte System

Zusammengebrochen ist

Nichts mehr so ist

Wie es hätte sein sollen

In unseren damaligen Träumen

Hat sich alles

Doch so krass verändert

So krass

Dass nichts mehr

Zu erkennen war

Von dem

Was es einst gab

Nur noch der Hass herrschte

Für eine lange Zeit

Bis man die Narzissten bereinigt

Ihre Seele

Wieder rein war

Gewaschen

Von all der Scham

All dem Hass

Den sie

Seit Generationen

In sich trugen

War alles nicht auszuhalten

Mit ihnen

Für eine so lange Zeit

Nun ist alles vorbei

Die Menschen

Können wieder aufatmen

Sehen

Wie sich alles entwickelt

Müssen erkennen

Dass es

Auch andere Wege

Zu gehen gibt

Nicht mehr

Die durchlaufenen Trampelpfade

Die jeder

So lange

In seinem Leben

Unhinterfragt gewandert ist

Nur noch Einzelgänger

Nur noch Individuen

In der Masse der Menschen

Schaffen ihre Kleidung selbst

Lassen sich

Nichts mehr gefallen

Von den anderen

Nur noch autonom sein

Sich nicht mehr

Bestimmen lassen

Von den gefallenen Strukturen

Sind nun endlich frei

Müssen lernen

Es schätzen zu wissen

Bei allem Geld der Welt

Wurde auch der Reichste

Nach langer Zeit

Nicht mehr glücklich

Weil es nichts mehr

Zu kaufen gab

Niemand mehr Geld benutze

Nur noch getauscht wurde

Im Übermaß

Niemand tauschte

Gegen Werte

Alles war gleichwertig

Man war nun füreinander da

Musste sich nicht zurückhalten

Konnte maßlos

Alles tauschen

Bis man irgendwann wusste

Alles gehört allen

Lässt sich doch

So viel leben

Wenn man nur wüsste

Wie

Hat es damals

Alles nicht gewusst

War so blind

Gegen das

Was einem gegeben

War schwer zu lernen

So schmerzlich

Als alles

Endlich weg war

Man ihnen genommen hatte

Was sie nicht wertzuschätzen wussten

Musste alles Regeln haben

Alles Restriktionen

Um zu belehren

Was alles falsch lief

Mit ihnen

Den Bösen

Und auch den Guten

Die allesamt

In die falsche Richtung liefen

Die Richtung

In die keiner

Je gehen sollte

Sind alle blind gelaufen

Und haben verursacht

Was nun

Unsere Realität ist

Kaum auszuhalten

So schmerzlich

Zu begreifen

Dass es

Unsere Schuld war

Dass das alles

Passiert war

Nun schon so lange her

Die Folgen

Fühlen wir immer noch

Sehen es jeden Tag

Was passiert ist

Mit uns

Mit der Welt

Und unseren Herzen

Die so unendlich

Zerbrochen waren

Konnte kein Mensch vorhersehen

Warum es geschehen sollte

Waren es die Götter

Die sauer waren

Über das

Was wir taten

Ihnen angetan haben

Ihrem Land

Ihrem Reich

Das sie uns gaben

Zum Leben

Zum Lieben

Und Ehren

War alles nicht möglich

Nun schon so lange her

Es war schwer zu sehen

Für die Menschen

Was geschehen

Mit ihnen

Es gab nichts mehr

Was sie hatten

Nichts

Was ihnen

Mehr heilig war

In diesem Meer

Von Nichts

In dem sie sich wiederfanden

Gab es

Doch so vieles

Was es zu entdecken gab

Neues

Das man einst

Nicht gesehen

Erstrahlt nun

In neuem Glanz

Jedes Jahr aufs Neue

Ein neuer Tanz

Auf das

Was geschehen soll

In ihren Herzen

Mit ihren Seelen

Wird nun alles gut

Fehlte es ihnen nur

Ein bisschen an Mut

War doch

Die Waldhexe es

Die alles sah

Nicht mehr hier

Auf Erden

War lange da

Ist gegangen dorthin

Bei dem sie Frieden find

Niemand mehr allein

Konnte sich jeder retten

Doch nicht allein

Die Waldhexe

War gekommen

Damals

Um alle zu retten

Alle zu bekehren

Mit ihr

Der Magier

Der alles veränderte

Was es zu verändern gab

Niemand mehr

Der lachte

Aus bösen Gründen

Niemand mehr

Der stahl

Gab nur noch

Die Guten

Die Schlechten

Waren gegangen

Galt es nun zu vergessen

Was war vergangen

Niemand mehr gemein

Die Welt ging nicht unter

Nur unter

Für manche

Die wollten nicht lernen

Zu leben

Mit anderen

Konnte sie niemand bekehren

Nun Besseres zu tun

Sie wussten nicht

Wohin

Waren verloren

Wie ein kleines Kind

Dem niemand

Konnte helfen

Konnte es niemand

Mehr verstehen

Seine Werte verworren

Musste endlich gehen

War nicht zu retten

Nicht für die neue Welt

Wo jeder so sein kann

Wie es ihm gefällt

Gibt nichts mehr

Zu kontrollieren

Nur noch zu sehen

Wie alle Menschen leben

Ist doch wahrlich schön

Endlich der Frieden

Nicht nur

Im eigenen Land

Die Menschen sind gereist

Haben alles erkannt

Die Menschen

Alle gleich

Wollen Zuversicht

Nicht in Angst leben

Nicht nur im Gesicht

Ist es zu sehen

Wer alles glücklich ist

Auch in ihren Taten

Ist es zu sehen

Jeder

Der teilt

Wird niemand

Mehr leer ausgehen

Alle sind zusammen

Feiern jeden Tag

Was sie nun erschaffen

Niemand der mag

Etwas zerstören

Ist nicht in ihrem Kern

Der Gedanke an Herrschaft

Liegt allen fern

Wollen alle gemeinsam

Zusammen sein

Niemand mehr allein

Keiner ist gemein

Schon so lange

Nicht mehr gewesen

Erinnern sich nicht

Wie es einst gewesen

Vergessen es nicht

Wie schwer

War der Weg

Nur die kalten Erinnerungen fern

Können sich nicht erinnern

Als ob sie immer

Friedlich wär'n

Was einst war gewesen

Wurde gelöscht

Niemand mehr

Der weint

Niemand sich rächt

Niemand erinnert sich

An die schlimme Zeit

Auch für die Menschheit

Ist es bald so weit

Alles zu ändern

Was nicht richtig ist

Kann kommen

Erst der Frieden

Wenn man

Mit sich selbst zufrieden ist

Das Außen

Im Innern

Es spiegelt sich

Um Frieden zu leben

Braucht man nicht

Die anderen

Zu bekehren

Nur selbst

So zu sein

Wie man alle haben will

Ist doch ganz fein

Niemand der meckert

Wie anderer Mensch lebt

Werden sich beeinflussen

Sehen

Wer besser geht

Nur bleiben die Menschen

Die friedlich allein

Lieben ihre Zusammenkunft

Sind nicht mehr allein

Alle haben sich gefunden

Sie wissen

Wie es geht

Nicht mehr allein sein

Ist alles

Was fehlt

So manchem Mensch

Der es noch nicht versteht

Muss man nur zusehen

Sehen

Wie es geht

Die Zerstörung musste kommen

Zu löschen

Was galt

Zu vergessen so bald

War alles gewollt

Es kann nichts entstehen

Musste zuerst

Etwas niedergehen

Die Menschen

Werden lernen

Ihr Wissen weitertragen

Auch an andere Generation

Die nichts

Damit zu tun haben

Was einst geschehen

Soll nie wiederkommen

Für immer gehen

Deswegen

Gilt es zu lehren

Die jungen Menschen

Was sie zu wissen haben

Müssen

In der Generation kämpfen

Gegen die

Die neugeboren sind

Es noch nicht verstehen

Was sie bereit zu tun sind

Ist ein Vergehen

Müssen sich erinnern

Was war

Vor dem großen Vergessen

Müssen sich messen

An dem

Nicht mehr wiederholen

Nicht nachmachen

Nichts mehr davon

Soll geschehen

Nur noch

Die Liebe

Die Liebe zu sehen

Fällt schwer

Den jungen Menschen

Werden sie doch unterdrückt

Ihre junge Wut

Im Innern

Den Menschen

Es drückt

Kann ihn niemand verstehen

Nicht durch seine Augen sehen

Muss erst wachsen

Und sehen

Die Gemeinschaft

Die erschaffen

Von den „Alten"

Ist gar nicht verkehrt

Doch auch

Die Rebellion der „Jungen"

Dazugehört

Müssen sich behaupten

Wenn sie etwas stört

Denn alles

Ist im Wandel

Wie es sich gehört

Was einst war perfekt

Muss jetzt zerstört

Zerstört immer wieder

Bis es richtig passt

Nicht die Vergangenheit

Sie ist eine Last

Nur bleiben

Sollen die Werte

Der Liebe und Vernunft

Sollen davon geleitet werden

Auch in Zukunft

Immer wieder

War es geschehen

In der Geschichte

Schon so oft

Musste alles niederkommen

Was war geschehen

Dem System

Sie dienten

Die Menschen nicht mehr

Musste doch schnell

Etwas Besseres her

So ist es im Leben

In jedem Bereich

Muss ausgetauscht werden

Was nicht von selbst weicht

Für die besseren Sachen

Die kommen sogleich

Muss man nur Platz machen

Nicht nur vielleicht

Die Unvernunft

Ist was gewinnt

Wenn ein neues Leben beginnt

Muss man loslassen

Das Alte

Das jetzt noch alles bestimmt

Muss kommen

Das Neue

Muss Platz dafür sein

Sonst steckt man fest

Ist irgendwann allein

Hat den Anschluss verloren

Weil man nicht losgelassen hat

Kann sich doch alles ändern

Wenn man's verstanden hat

Wie's ist mit der Welt

Wie es sich verhält

Mit dem Ändern

Und Leben

Kann nicht ewig so bleiben

Muss alles ändern

Und lachen

Alles Alte muss weichen

Nur gab es doch alles

Was die Menschen sich wünschten

Im Damals

Das vergangen war

Noch gar nicht so lange her

Doch wer

War der leidtragende

Die Erde

Sie musste sich rächen

Damit das geschehen konnte

Was alle sich wünschten

Gerechtigkeit

Doch Gerechtigkeit

Fand keinen Platz

In der alten Welt

Die aus Werten bestand

Der Vergänglichkeit

Des Wegwerfens

Des Einmalgebrauchs

Nichts

Mehr von Wert war

Mussten die Menschen

Erst wieder lernen

Was es zu bedeuten hatte

Etwas zu produzieren

Welche Menschen

Dahinterstanden

Wer ausgenutzt wurde

Für wenig Lohn zu arbeiten

Kann jetzt nicht mehr

Der Realität entsprechen

Musste sich alles ändern

Die Menschen

Wieder friedlicher sein

Zueinander

Auch Bewusstsein entwickeln

Für das

Was ihnen Jahre

Verborgen blieb

Die Produktionsketten

Der Güter

Die sie nicht wertschätzten

Einfach wegwarfen

Weil sie belanglos waren

Warfen sie

Doch das Leben weg

Eines andern

Der tagelang

Dieselben Sachen schuf

Nie geschlafen

Gedankenvergraben

An den Abnehmer dachte

Was es ihm wohl brachte

Die Plastikbecher

Und T-Shirts

Die sie zusammennähten

Nicht in Gärten

Sondern in Räumen

So schlecht zu atmen

Dachte keiner daran

In der westlichen Welt

Ging doch nur

Um Geld

Um Profit

Nicht darum

Dass man etwas gibt

Was verdient wurde

Mit so harter Arbeit

Würde sich doch hier

Niemand den Finger krümmen

Solch eine Arbeit zu tun

Die kein Ansehen gewinnt

Man nur zu Hause Zeit verbringt

Das zu tun

Was niemand sehen will

Das Nähen der Maschen

Das Nähen der Taschen

Die getragen im Außen

Ansehen verursachen

Nur nichts bringen

Denen

Die sie geschaffen

Was sollen sie machen?

Sich wehren

Nicht möglich

Das Geld ist

Was fehlt

Müssen alles machen

Man interessiert sich nicht

Dass man sie quält

So lange zu arbeiten

Für so wenig Lohn

Als hätten sie alle

Nichts Besseres zu tun

Geld gibt es

Viel auf der Welt

Nur verteilt

Ist es falsch

Nur soll es auch Reiche geben

Denn Geld und Gewinn

Haben alle im Sinn

Die auch

Etwas Großes schaffen

Nur muss man es auch

Möglich machen

Für jene

Die keine Millionen

Keine Milliarde schwer sind

Unbeschwert zu leben

Keine Geldsorgen zu haben

Sollten doch alle Menschen

Minimalistisch leben

Es ist doch der Segen

Sich keine Sorgen zu machen

Um unnötige Sachen

Nur

Was man braucht

Sollte einem lieb sein

Braucht man dafür

Auch kein großes Eigenheim

Eine Wohnung ganz klein

Reicht doch schon aus

Soll geteilt werden

Mit andern

Nur wer sie braucht

Nicht geteilt mit Hass

Auf den anderen

Ist Verlass

Braucht Zuversicht

Und Frieden

Dass die Menschen sich lieben

Zu leben

Um zu geben

Nicht nur nehmen

Tun sie

Ist diese heile Welt

Denn wirklich nur gestellt?

Kann es sie denn

In Wirklichkeit geben

Oder wollen alle

Für immer so leben

Wie es jetzt geschieht

Niemand mehr gibt

Keiner vergibt

Für keine schlimmen Taten

Lernen wir doch alle

Wurden verraten

Von denen allein

Mit einem einzigen Sinn

Ist doch immer

Nur ihr eigener Gewinn

Wir müssen aufhören

Zu kämpfen

Nicht gegeneinander

Nur für das wir

Deswegen

Sind wir doch hier

Gemeinschaften zu bilden

Leben doch nicht

Unter den Wilden